Uma Nova Esper

Maria José Viana

Paulo Veiga

Caio Porfírio Carneiro

Esquecera o desgosto que o levara até aquela esquecida fazenda: a traição da mulher. Agora estava com outro desgosto: a poluição do riacho.

Direcionou-se à biblioteca da casa procurando pelo Código das águas. Leu a Lei (nº 8.072 de 25.07.1990) que dizia ser crime hediondo o envenenamento das águas potáveis. Se era crime hediondo, naquela região estaria acontecendo um crime e ninguém tomava providências. Nunca havia parado para pensar nas águas. Esteve sempre preocupado consigo mesmo, com suas viagens, suas indústrias, seus grandes lucros. Bebera sempre água e nunca parou para refletir como estariam os mananciais. Não sabia que a capital de São Paulo usava águas dos mananciais de Minas Gerais.

Encostou-se à barranca do riacho para refletir. Estava triste, muito triste. Apenas 40 anos e acabara de descobrir que havia sido ludibriado a vida toda. Pensou em pescar, não havia peixes ali. Dejetos de hospitais, frascos de refrigerantes, latas de cervejas boiavam.

Recordou-se das águas cristalinas do riacho quando era criança. Haviam se passado 37 anos. Não entendia como tudo havia mudado. Uma tímida borboleta pousou em seu ombro. Era amarela. Um amarelo opaco, sem vida. Aquela borboleta também não possuía a beleza das borboletas que ficaram retidas em sua memória.

Resolveu descer o riacho e sentar-se à cachoeira que há tempos não via. Desde que se mudara para a capital nunca mais voltara àquele lugar. Muitos anos se passaram. Encontraria na cachoeira um pouco mais de beleza. Caminhou, caminhou, e após uma hora estava diante dela. A tristeza aumentara a ponto de cair em profunda depressão. Montes de lixos espalhados ao redor. Absorventes, pneus velhos, latas de cervejas, frascos de plásticos, ampolas de injeção. Moscas zunindo. Um fétido odor espalhava-se no ar. Urubus planavam no céu. Não conseguia captar a beleza daquele lugar. Incomodado pelo odor, foi tentar descobrir o que era. Deparou-se com uma vaca morta. Os vermes corroíam desesperados as carnes da vaca. Vomitou ali mesmo. Saiu correndo sem olhar para trás.

Passos e assovios cortavam o silêncio e vinham em sua direção. Não contava com a presença de ninguém naquele horário. Para sua surpresa deparou-se com Juquinha, o filho mais velho de Antônio, o primo que nunca gostou de cidades grandes e optou por viver ali na fazenda. Ali ele nascera ali quisera viver até os últimos dias de sua existência, assistindo todos os dias, ao nascer e ao pôr do sol.

- Primo, vamos atirar pedras na água,-disse Juquinha -para ouvir o ploft!? Primo, você não está me ouvindo? Primo Genésio, você está pálido, o que houve?

- Não houve nada,Juquinha.Agora estou precisando descansar. Se eu estiver disposto, amanhã me sentarei com você à margem do riacho para jogarmos pedra na água.

- Não precisa ter medo. Aqui é um lugar tranqüilo, não há cobras, não há onças, tamanduás, nem bichos que poderiam nos assustar.

- Eu sei Juquinha, aqui é um lugar realmente muito tranqüilo, todas as feras que poderiam atacar um ser humano foram extintas, mas você não percebe que a pior fera de todas se faz presente neste lugar. Ela não ataca como os leões, as onças, ela ataca de uma maneira que vai matando aos poucos, lentamente.

- Do que você está falando?

- Estou delirando, Juquinha, delirando apenas. Estou em estado de choque. Antes de minha partida preciso conversar com você. Precisarei de sua ajuda.

- Voltou para sede da fazenda, uma linda casa cercada por varandas. Tomou um banho, deitou-se na rede e chorou copiosamente por uns 15 minutos.

Custara crer que presenciara aquele horrível espetáculo. Sentiu a solidez da vida se deteriorando. Muitos anos vivendo na capital. Viagens ao exterior, carros importados, boas comidas, boas roupas-luxúria. Tudo aquilo que ele usufruía era fruto da depredação da natureza. Sentiu-se um tolo, muito mais tolo que aquela vez que flagrou sua mulher dançando em uma boate com outro homem, muito mais tolo que aquela vez que descobriu que seu assessor havia dado um golpe de milhões. Era um perfeito idiota poliglota que usava perfume, roupas e carros importados. Um idiota que participava de reuniões com figurões do mundo inteiro. Um idiota que havia esquecido suas raízes e partira em busca da satisfação de suas ambições.

Não conseguiu comer naquela tarde. O bife à mesa lembrava-0s vermes no corpo da vaca morta.

Esquecera o desgosto que o levara até aquela esquecida fazenda: a traição da mulher. Agora estava com outro desgosto: a poluição do riacho. Direcionou-se à biblioteca da casa procurando pelo Código das Águas. Leu a Lei (nº 8.072 de 25.07.1990) que dizia ser crime hediondo o envenenamento de águas potáveis.Se era crime hediondo, naquela região estaria acontecendo um crime e ninguém tomava providências. Nunca havia parado para pensar nas águas. Esteve sempre preocupado consigo mesmo, com suas viagens, suas indústrias, seus grandes lucros. Bebera sempre água e nunca parou para refletir como estariam os mananciais. Não sabia que a capital de São Paulo usava águas dos mananciais de Minas Gerais.

Ficou aterrorizado diante daquele horrendo espetáculo. A traição da mulher não tinha mais importância. Que ela fosse feliz à maneira dela. Que namorasse quem quisesse. Agora ele se preocupava com o destino das águas. Rico e influente, retornaria rapidamente a São Paulo, contataria o Ministério do Meio Ambiente em Brasília para tentar resolver o problema.

Estava atento para mania dos ministros. Todos se pousam de deuses, resolver problemas nem pensar. Eles também estão preocupados somente com suas viagens ao exterior, suas mordomias e seus lucros. Permitir que algum cidadão comum se aproxime nem pensar. Para isto eles são cercados de seguranças. Mas ele chegaria até o ministro. Tinha poder até para demitir ministro se necessário fosse e exigiria do Presidente da República que criasse um ministério competente. O ministério das Águas.

O Ministério das Águas seria comandado e dirigido por todos os cidadãos. Nada de colocar um homem no Gabinete com complexo de deus. O ministério seria autogestionário.

- Juquinha, por favor, venha até aqui na biblioteca.

- Aqui estou, primo.

- Qual a sua idade?

- Doze anos

- Você deve estar na 6ª série do EF.

- É isto mesmo. Estudo na cidade. Finais de semana e férias fico na fazenda.

- Qual sua opinião a respeito daquele lixo à beira do riacho?

- Isto me entristece muito primo. Comentei com a professora de biologia, falei com o diretor.

- E eles?

- Não se importaram. Meu pai já falou com o prefeito, ele disse que tomaria providências e até agora tudo permanece como está. Quer saber o que penso daquele pessoal da escola?

- Continue, Juquinha, você é muito inteligente.

- O diretor e todos os professores daquela escola são parentes do prefeito. São contratados, se eles reclamarem do lixo, o prefeito os mandam embora.

- Todos são parentes?

- Sim, todos parentes.

- Nenhum concursado?

- Na gestão deste prefeito não há concurso. Genésio coloca aquela música de ontem.

- Qual delas?

- A sinfonia nº5 de Tciai, tchai, Tchaikovski.

- Por que Tchaikovski?

- Gostei do nome. Parece que este nome belisca a gente. A sensação que a música causa é muito boa.

- Combinado. Eu coloco a música e você presta atenção no que estarei lendo.

- Pode começar, primo.

"O chefe do Governo Provisório da República dos Estados Unidos do Brasil, usando de suas atribuições que lhe confere o art. n.1º do Decreto nº 19.398, de 1930, e: Considerando que o uso das águas no Brasil tem-se regido até hoje por uma legislação obsoleta, em desacordo com as necessidades e interesses da coletividade nacional;

Considerando que se torna necessário modificar esse estado de coisas, dotando o país de uma legislação adequada que de acordo com a tendência atual, permita ao poder público controlar e incentivar o aproveitamento industrial das águas;

Considerando que, com a reforma por que passaram os serviços afetos ao Ministério da Agricultura, está o governo aparelhado por seus órgãos competentes a ministrar assistência técnica e material, indispensável à consecução de tais objetivos,

Resolve decretar o seguinte Código das Águas cuja execução compete ao Ministério da Agricultura e que vai assinado pelos Ministros de Estado."

- Juquinha, Juquinha, você está me ouvindo? Dormiu. Também pudera, querer que uma criança se interesse por este tipo de leitura.

Genésio estava aturdido. O mundo ruía a seus pés. Queria crer que nem tudo estava perdido. Usaria sua influência, gastaria de seu dinheiro, mas faria algo pela águas. Adormeceu ouvindo Tchaikoviski. Não falara com mais ninguém naquela noite.

Na manhã seguinte acordou com um raio de sol invadindo sua janela. Uma doce leveza tomou conta do seu corpo. A traição da mulher era algo insignificante. Uma estranha força tomava conta de seu corpo. Pela primeira vez percebeu que havia algo de útil para se fazer na vida. Se ajudasse a salvar as águas estaria fazendo um grande bem à Humanidade.

- Juquinha, me acompanhe até a cidade?

- O que faremos na cidade?

- Vamos à casa de seu diretor, ao Hospital e à Prefeitura. Preciso conversar com aquelas pessoas. Primeiro, na casa do diretor da Escola.

- Hum! Se prepara! você não gostará nada de falar com ele. Ninguém gosta. É uma figura esquisita.

- A esquisitice não importa, o importante é falar com ele.

Genésio ficou decepcionado com a conversa que teve com o diretor da Escola, o senhor Eulálio.

Eulálio ficara encantado com a presença de Genésio em sua casa. Homem rico, bonito e da capital ali falando com ele. Quando Genésio falou-lhe sobre o problema do lixo à beira do riacho, Eulálio reagiu dizendo que não suportava mato e que jamais colocaria os pés em uma fazenda, pois tinha horror às picadas de borrachudos e que também não falava com pessoas que vivem na zona rural. E que não se importava com as águas poluídas do riacho, pois a Água da Vila Esperança era de um poço artesiano. Encantado com a beleza de Genésio disse que até gostaria de ficar conversando longas horas com ele, mas no momento não poderia, pois estava quase na hora de sua partida. Viajaria para o Rio de Janeiro. Genésio retirou-se e dirigiram-se para o Hospital. Durante o trajeto imaginara que a conversa com o diretor do Hospital seria mais produtiva. Ao expor a situação do riacho, o diretor do Hospital disse que estava muito ocupado e não tinha tempo a perder, que estaria saindo de férias naquele dia. Iria levar a família para Miami, isto seria a grande façanha da vida dele. Estava orgulhoso por poder pisar na terra dos gringos. Afinal economizara por 3 anos para dar esse luxo à família. Sabia que quando retornasse de Miami as pessoas estariam olhando para ele com mais respeito.

Genésio não desistiu, foi até o prefeito.

O prefeito explicou-lhe que não tinha outro local para colocar os dejetos do Hospital e que os lixos da Vila estavam lá por não encontrarem outro lugar. Que não via mal nenhum naquela situação, pois a água da Vila era de poço artesiano. Que ele tinha mais o que fazer, cuidar das terras dele. As terras eram muitas e tomavam grande parte de seu tempo. Eram tantas as terras que se tornou prefeito para evitar o gasto com pagamento de impostos.

- Juquinha, não podemos desistir. Diga-me existe algum partido de esquerda nesta Vila?

- Há umas 20 pessoas que se reúnem de vez em quando. Dizem que são do PO.

- Quem é o líder?

- Um advogado.

- Leva-me até ele.

- O melhor seria não perder mais tempo aqui. Tente pela capital.

- Juquinha, eu preciso tentar conscientizar algumas pessoas aqui. Leva-me até o advogado. O pessoal da esquerda é idealista.

- Não é o caso deste advogado. Corre boatos estranhos a respeito dele.

- Quais são os boatos?

- Vários. Um deles é que ele é um imposto, dissimulado. Diz ser do PO e até se candidata pelo partido, mas na realidade trabalha para a direita. O papel dele é boicotar o partido para que este não venha a crescer aqui na região. A cada eleição que passa o partido fica menor.

- Tentaremos contato com ele. Boatos são boatos.

- Não sei se ele atenderá você.

- Por que não?

- Ele precisa pedir permissão para a mulher e para a sócia.

- Que é isto, Juquinha, você está zombando de mim? Que papo furado é este? Malham o camarada por que ele é de esquerda.

- Que esquerda, homem? Por acaso há esquerda neste país?

- Juquinha, como você é esperto. Onde você aprendeu isto?

- Eu intuí

- Vamos ao advogado?

- Primo, preste atenção. Ele é casado e a mulher é muito ciumenta.

- Juquinha, ela age assim por amor.

- Que amor que nada, quem ama não acorrenta. O homem não tem liberdade para nada. Vive confortavelmente, mas sem liberdade. Há comentários que ele se casou por dinheiro.

- Que nada, Juquinha, tudo isto não passa de maledicências. Ele não é vereador aqui na Vila?

- É.

- E como ele se elege?

- Elege com os votos que a mulher dele compra. Ela não permite que ela faça campanha. Toda eleição é uma grande confusão. Quando ele tenta fazer alguma reunião o pau come. Até frigideira entra na história.

- Como?

- Na última eleição a mulher dele meteu uma frigideira na cabeça da enfermeira. Ele faz tudo que a mulher manda sem reagir. Obedece ao pé da letra.

- Ele é doente?

- Há comentário que ele está enfeitiçado. A mulher freqüenta o terreiro do pai Ambrósio, zelador de Santo aqui da região. Dizem as más línguas que a mulher fez um feitiço com o esperma dele. Que o esperma foi enterrado debaixo de uma palmeira na primeira noite de lua cheia do mês de agosto. É uma mulher muito estranha; nas festas ela rodopia sem parar e mostra a língua para as pessoas. Com tudo isto que contei você ainda acha que vale a pena procurar por ele.

- Que dia cansativo Juquinha, vamos tomar um sorvete?

- Legal, esta é a melhor parte.

- Antes do sorvete, só mais esta informação; tem alguém do Partido Verde nesta Vila? O pessoal do Partido Verde é interessado neste tema.

- Ninguém. Aqui na Vila Esperança só existe direita e este advogado que finge ser do PO.

- Sorvete por favor, o meu de flocos. E o seu, Juquinha?

- Morango com abacaxi.

- Juquinha, você tem namorada?

- Sim.

- Fale sobre ela.

- O nome dela é Lilian, ela é de São Paulo. Eu a conheci pela internet.

- Vocês já se encontraram?

- Ainda não.

- E como estão namorando?

- Ela me enviou fotos e a gente se comunica todos os dias pela internet.

- Como ela é?

- É uma garota sensível que gosta de poesias.

- Gosta de poesias?

- Gosta muito e até escreve também.

- Então ela poderá nos ajudar. Fale com ela a respeito de nosso empenho para salvar as águas.

- Falarei e tenho certeza de que ela irá aceitar. A Lilian é muito inteligente e bondosa. Ela também gosta de animais, tem cachorros e tartarugas.

- Que garota interessante é a Lilian.

- Vamos saborear o sorvete. É feito aqui mesmo?

- Sim.

- Muito bom! Delicioso! Feito com água do posto artesiano, com certeza.

Anoiteceu chovendo. Ventania. Genésio tirou a roupa e dançou na chuva. Enquanto dançava pensava num jeito de mostrar às pessoas da Vila Esperança a crueldade que o riacho vinha sofrendo.

Choveu a noite inteira e Genésio dançara muito. Ao raiar do dia estava ele estava muito cansado, mas com uma nova idéia. Promoveria uma festa na barranca da cachoeira, pediria aos homens da fazenda para cobrirem o lixo que lá se encontrava e ofereceria a festa aos moradores de Vila Esperança. Seria a festa das frutas. Vila Esperança era carente de frutas. A terra era produtiva, mas as pessoas não gostavam de plantar, pensavam que se colocassem as mãos na terra ficariam diminuídas perante a vida.

Genésio compraria as frutas no CEASA em São Paulo. E assim aconteceu.

Uma semana após, os convites estavam distribuídos para o grande acontecimento. Contratou orquestra. Mesas forradas com brancas toalhas. O som da cachoeira dava um toque mágico para o evento. O diretor do Hospital não compareceu, estava em Miami. O diretor da escola ainda não retornara do Rio. Grande parte da elite se fez presente. O prefeito acompanhado da primeira dama, o delegado da polícia, o dono do cartório, professores e professoras, todos ansiosos para ganharem o prêmio que Genésio havia prometido. Haveria um sorteio no final da festa. O prêmio seria duas passagens para Miami com todas as despesas pagas com direito a acompanhante.

O povo de Vila Esperança era fissurado para irem para Miami.

A festa preparada por Genésio era de 1ª classe. Exigia traje chique. E todos e todas estavam vestidos luxuosamente, não queriam fazer feio perante Genésio. Afinal era ele um homem rico da capital.

Um leve vento balançou as árvores e o fétido odor tomou conta da festa. As mulheres segurando o nariz. O vento parou o odor também. Enquanto os convidados se distraíam comendo e observando as frutas Genésio pediu para os homens da fazenda descobrirem o lixo e colocarem a vaca podre para bem próximo aos convidados. Tudo foi feito com muita sutileza.

Genésio pedira um momento de atenção e falou sobre Miami. As pessoas ficaram com brilho nos olhos e água na boca. Em seguida Genésio comentou sobre os dejetos do hospital boiando sobre as águas. Ninguém reagiu. Moscas invadiram a festa. De repente se deram conta de que estavam festejando entre as moscas, entre os dejetos de hospitais, entre os montes de lixos e com a vaca podre cheia de vermes. Cinicamente Genésio convidou uma donzela para dançar e dançou próximo à vaca morta. Dançou também com a primeira dama e com a esposa do delegado. Fez questão de dançar com grande parte das mulheres da elite de Vila Esperança bem próximo a vaca morta. Genésio descobrira que tinha um lado excêntrico, era um gozador inato. De vez em quando falava do prêmio que seria sorteado no final da festa- as passagens para Miami.

A elite de Vila Esperança segurava o vômito, suportava a carniça na esperança de irem a Miami.

Juquinha sorria, entendia o espírito da coisa. Genésio tornou-se ídolo.

Ninguém ganhou o prêmio, não conseguiram ficar até o final da festa.

Naquela semana, Vila Esperança ficou em polvorosa. E a gente de lá revoltada por não ter conquistado o prêmio. Perguntavam se haveria outra chance. Todos na expectativa.

Genésio preparou Juquinha para falar sobre a poluição das águas, seria uma palestra no clube da cidade. Distribuiu os convites para a elite e prometeu sortear as passagens para Miami para aqueles que ficassem até o final da palestra de Juquinha. A felicidade voltou a reinar.

Sexta-feira à noite, o clube estava enfeitado para receber os convidados.

Juquinha sentado à mesa junto às autoridades de Vila Esperança. Iniciou-se a palestra falando que pesquisadores biólogos concluíram que cerca de 80% das doenças dos países pobres advêm da água não tratada. Ficou comprovado que nesses países a ausência de informações básicas sobre higiene e as condições precárias de saneamento levam a população a um índice muito baixo de saúde.

Para avaliar a qualidade da água mede-se a quantidade de coliformes fecais-bactérias que vivem nos intestinos das pessoas e são eliminadas com as fezes no esgoto doméstico. Quanto maior o número de coliformes maior a contaminação da água.

Todos dormiram. Inclusive o prefeito. Este não só dormiu, roncou e babou. O Delegado de Polícia roncava e soltava puns fedorentos. Genésio ficou desapontado e Juquinha ria sem parar. Foi preciso tocar a campainha do clube para que todos acordassem. Aquela gente havia perdido mais uma vez a chance de participar do concurso.

Saíram do clube e foram para a rua sambar e beber. A secretária do juiz disse que dormiu porque não conseguiu entender o significado da palavra saneamento. O dono do cartório disse que não entendia o que eram coliformes. O gerente do banco disse ter dormido pois não sabia o que era fecais. A mulher do prefeito disse que nunca ouviu a palavra bactéria e, se tiver mais uma filha dará a ela o nome de Bactéria, achou o nome encantador e disse que o nome trará sorte muita sorte.

Três dias passados, Juquinha viajou com Genésio para receber treinamento para falar sobre poluição das águas.

Genésio disporia de quantia monetária suficiente e fundaria o Movimento em defesa das Águas. Juquinha seria o líder. Convidaria outras duas crianças para participarem do evento. A primeira convidada foi Lilian.

Lilian e Juquinha tinham uma importante missão. LUTAR PELAS ÁGUAS. Genésio agiria nos bastidores. Quem realmente carregaria a bandeira seriam as crianças.

O céu de São Paulo carregado de densas nuvens de poluição entristeceu Juquinha. À noite procurara pelas estrelas e não as via. Dormiu. Sonhou que o riacho de Vila Esperança estava com as águas limpas. Banhou-se nas águas confortavelmente.

Na manhã seguinte sentou-se com Lilian junto ao computador para conquistar crianças para o Movimento. O primeiro que conseguiram foi Lucas um garoto de dons especiais. Ele tinha consciência e sensibilidade para lutar pelas águas. O Movimento começara a criar corpo.

Juquinha estava feliz.

Eu me considero um homem inteligente, culto e mais bem informado aqui neste município. Iguais a mim somente o juiz da comarca e vocês dois aqui presente- disse Eulálio, diretor da escola ao diretor do hospital em diálogo na casa do prefeito quando o bajulavam numa visita informal. O prefeito pronto a criticar Genésio aproveitou o tema e entrou de sola.

- Ilustre correligionário Eulálio, eu, como alcaide líder do povão realmente considero-me inteligente; pois ardilosidade é inteligência. Você tem razão em nos atribuir essas qualidades. As mesmas já não tem o Genésio. Homem que não soube administrar a própria vida particular, foi traído pela esposa, inclusive garfada pelo padre, depois de saber dos podres dela pela confissão, ainda foi vítima de estelionato pelo golpe econômico que o assessor lhe deu, agora quer pôr banca aqui mudando as coisas na Vila Esperança. Seu pai, Antônio, não é assim um imbecil. Foi aparteado pelo diretor do hospital.

- Realmente senhor prefeito. Ele quer proibir lixões. Como eu, provedor do hospital, poderei dar fim ao lixo hospitalar? Só se eu mandar o carroceiro despejá-lo na fazendinha do embusteiro.

- É, caro Provedor e ilustre diretor escolar que, não tenho dúvidas, assim que transformar o colégio em universidade, será o Magnífico. Veja que Genésio é tão leviano que está indo na conversa de um simples molecote, que é aquele Juquinha.

O sol era ardente. De vez em quando, uma sombra rápida invadia a janela. Era o urubu em vôo rasante que passava sobre a casa. Um bafo quente e fétido acompanhava a brisa que às vezes soprava mais forte, mas não percebia pelos três já acostumados com aquele ar poluído. A esposa do prefeito traz uma bandeja de prata com três copos cheios de refresco de caju. Os três bebem. O prefeito, mal educado, nos engolidos rápidos produz sons irritantes, "guache Tum", "guache Tum"...Enquanto o provedor e o diretor escolar fazem som livre aspirando o refresco pela garganta a dentro. Devolvem os copos à mulher do prefeito que os esperava vazios. Ela gorda exibindo as enormes coxas ramificadas de linhas azuis que, à medida que descia às pernas as varizes engrossavam. Despediram-se tendo Eulálio justificado que

precisava se preparar para uma viagem ao Rio de Janeiro enquanto o provedor apresentava sua justificação dizendo que no dia seguinte viajaria para Miami.

O descontentamento dos três se originou depois que Genésio os procurou para apoio contra poluição das águas.

Era uma tarde gostosa, quente, porém não abafada; o vento soprava para o Leste ao lado das montanhas levando o mau odor das águas; o sol se punha como uma bola rubra que, aos poucos, ia ganhando o fim do ocaso; a noite aguardava a lua cheia. Juquinha havia marcado um encontro com Genésio vestindo uma bermuda branca, camiseta com logotipo de um movimento ecológico da Capital de São Paulo, e calçando alpargatas. Iam jogar conversa fora, falar dos planos ecológicos em andamento; Juquinha falou da namorada Lilian. Mas não é que Juquinha tinha um fato novo, novíssimo mesmo e de grande repercussão e até se esqueceu de cumprimentar o Genésio, dize-lhe:

- Sabe da maior Genésio?

- Como saberei, pois o estou vendo somente agora. Diga, pois, e fale com calma. Está afobado e perturbado e...

- Aconteceu o máximo! Gostei, bem –feito. Quero ver como ele se sairá desta agora.

- Agora o quê rapaz? Gostou do quê? Bem –feito por quê? Desembuche logo pô.

_ Invadiram, ah, ah,ah, que bom!

- Fale logo Juquinha, invadiu o quê e quem?

- Os Sem-terras invadiram as propriedades do prefeito. São mil famílias com foices, enxadas, facões e paus, alguns portando bandeiras vermelhas e o que foi mais surpreendente- o padre vinha à frente daquele bando de gente que, dado o colorido das bandeiras mais parecia guerreiros medievais, só faltando a cavalaria. Estão derrubando cercas, arando a terra, armando tendas, instalando antenas parabólicas, armaram barracas para cobertura dos carros de último tipo dos líderes e estão matando criações para comer.

- Que notícia inusitada Juquinha. E quem diria hein? O padre liderando a invasão, quando é sabido que o clero nas pequenas comunidades dos grotões como aqui, sempre está ao lado dos Três Poderes. No entanto...Mas você não mencionou o advogado do PO. Ele, como causídico, não estava lá? Diga-me mais coisas, Juquinha.

- Sim, Genésio. Disseram que o advogado deu no pé, e será expulso do partido. A mulher dele colocou um despacho na encruzilhada a pedido da esposa do prefeito para afastar os invasores; mas um deles deu uma foiçada na macumba, que foi só vela colorida e farofa que voaram com penas de galinha preta por toda parte.

- Soube de alguma providência por parte do prefeito?

- Disseram que o prefeito está armando os capangas e que contará com as providências da UDR- União Democrática Rural.

- É Juquinha, vamos ver no que dará tudo isso.

- Fiquei sabendo também que os vereadores já estão pensando em deixar de apoiar o prefeito por medo de não se reelegerem e, quem sabe, até requerer o "impeachment" dele. Soube que também há um pedido de Reintegração de Posse, mas o juiz até hoje não apreciou o pedido.

- É no que dá, Juquinha. Um dia a justiça chega e aquele nepotista e latifundiário de todas as terras do município terá mesmo é que deixar a vida pública, só que o vice é lama do mesmo barro.

- O que é mesmo "nepotista", Genésio?

- É o detentor do poder público que emprega sem concurso os parentes; pois no caso do prefeito há: esposa, sobrinhos, irmãos, primos e cunhados; no total de 80 funcionários que se quer aparecem na repartição e percebem elevados vencimentos.

- Pois é Genésio, todo esse rebuliço talvez venha facilitar o nosso combate à poluição das águas.

Juquinha e Genésio, precursores do movimento ecológico, pensam em tomar sorvete mas Genésio acha que a água do sorvete esteja talvez contaminada pelo lençol freático, pois a última vez em que o tomou, sofreu distúrbios intestinais. Atribuiu o mal àquele sorvete, possivelmente contaminado. Não tomam o sorvete .Prosseguem divagando sobre os planos ecológicos, contam com a ajuda de Lilian através da internet e, descrente do advogado do PO, voltam a bolar um meio de fundar um diretório do Partido Verde na Vila. Mas Genésio desencoraja Juquinha pois acha que a ideologia do Partido Verde só tem obtido sucesso na Alemanha.

Genésio depois de bater em várias portas diz que está disposto a desistir da idéia de combater a poluição, pois contra a força não há resistência. Bola uma última tentativa: fazer greve de fome em frente da prefeitura, já que os protestos de dançar na chuva, trazer carniça à festa e prometer prêmios nada resolveu. Talvez a carniça tenha sido pouca, pois quando quis trazer a vaca esta já havia delido. Trouxe um pequeno potro que todos pensaram que fosse a vaca. O certo é que, com aquelas autoridades ignorantes e coprófilas, nenhum fedor, nenhum discurso técnico sensibiliza. Uma coisa, porém, deixou satisfeitos os promotores da festa, pois aquelas autoridades tiveram um prejuízo danado. É que, para que se exibirem, vestiram as melhores roupas para uma festa rural. Perderam- nas, pois a catinga a catinga ficara impregnada. Aquela secretária do juiz, aquela que não sabia o que significava a palavra "saneamento", bem assim o gerente daquele banco, que existe em qualquer cidadezinha, que desconhecia a palavra "fecais", quando reusaram a roupa na missa de domingo, um enxame de moscas formou uma nuvem atrás deles. Os únicos que tiveram a roupa salva foram os colonos humildes que, de terninhos de brim, calça pega-frango, não se contaminaram, portanto o brim é lavável.

Naquela missa em que, às vezes, o padre tapava o nariz, houve o batismo de uma criança. Entre os padrinhos, a madrinha de batismo foi a mulher do prefeito, aquela que, na festa passada, achou linda a palavra "bactéria". Perante a pia batismal, o padre, todo paramentado, perguntou à primeira dama municipal se a criança era do sexo feminino ou masculino. Respondeu que aquela criança era do correligionário Chicão. O do compadre Marcolino seria batizado no próximo sábado. Certamente, ignorava o que significava "masculino".

O movimento em favor da ecologia prosperou. Genésio, embora com dúvidas, passou novamente a se interessar, o garoto Lucas sensibilizou os amigos para integrar o movimento, a viagem de Juquinha com Genésio ao exterior trouxe grande subsídio; conheceram lá a possibilidade de qualquer rio ser despoluído, a exemplo do Rio Tâmisa em Londres, e chegaram à conclusão de que ao Brasil falta muita coisa, inclusive vontade política para se conseguir o intento. O Código das Águas não passa de letra morta, lei branca e superada.

Mas a internet, pressuposto da globalização, ante a grande divulgação dos problemas, começou a burilar a vontade política das autoridades. Tanto é, que o Ministro do Meio Ambiente, antes alheio às reivindicações de Genésio e de seus companheiros, começou a se interessar pela defesa das águas, bandeira da juventude preocupada e desejosa de um Brasil melhor.

O "lobby" no Congresso Nacional é forte, pois inúmeros prefeitos, representados pelos deputados das respectivas regiões bombardeiam todos os projetos, aceitando a argumentação de que os lixões servem de banquete aos pobres na disputa de comida com os urubus. Até os EUA, como exportadores de poluição, através de suas indústrias de produtos químicos, interferem no Congresso em Brasília. O Banco Mundial e o FMI, pelo que sentem os ecologistas, jamais colaborariam, economicamente com tais planos ecológicos. Falta, pois, vontade política para se resolver o problema de saneamento básico e de proteção à natureza.

Mas, bem pior que tudo isto é desistir. Bem mais que Nova Esperança, seus políticos e maiorias, era a idéia lançada. Nova Esperança, a pequena Nova Esperança, símbolo de uma situação degradante que atingia todo o globo, seria agora símbolo de resistência que se irradia pelo Estado, pelo País, e se imanaria a tantos outros movimentos que germinavam mundo afora.

Genésio e Juquinha conscientizaram-se de que pouco adiantaria abrir a carapaça do poder dominante para lhe incutir uma idéia que era uma realidade viva diante dos olhos de todos: o Homem continuava a destruir inexoravelmente o planeta poluindo tudo: as águas, o ar, destruindo florestas e a flora, num sopro infernal de tempestade que acabaria por levar de roldão a própria vida na face da Terra. De que valeriam os

Congressos, as leis, os códigos, se o poder maior do egoísmo financeiro avassala tudo?

A batalha ampliava-se. O Homem procurava destruir o próprio Homem. A miséria de bilhões ampliava-se como uma saia imensa ao redor de bem poucos que acumularam a riqueza da Humanidade. Quatro quintos da Humanidade de fome, doenças, mergulhavam na ignorância e nas guerras fraticidas para que, no topo da pirâmide, apenas o resto, o quinto que sobrou usufruísse de tudo. E, para defender este acúmulo de riqueza, crescida mais e mais ao correr dos séculos, essa meia dúzia de países ricos, guardiãs dela, tudo fazia para não dividi-la com ninguém. Para tanto existiam as bombas, as armas de poder mortífero infernal, o domínio dos meios de comunicação, para bloquearem o clamor dos mais fracos e imporem o circo de mentiras e despistes, distraírem as multidões das realidades doloridas.

A poluição era conseqüência disso. Mas se a batalha ampliava-se, e ampliava-se dia a dia, em contrapartida o cerco é enorme, como antevéspera de um grande bote final e fatal, em busca de uma sociedade mais justa. Porque ampliava-se também a conscientização de que a destruição da natureza se processa para se acumular mais dinheiro; a poluição e o lixo asfixiam e corroem tudo para que a pirâmide do poder econômico, tão concentrada, concentre-se ainda mais.

Conversando sobre esse caos que assolava o mundo, e o corroia como cupim, em estratégia simples chegaram a uma conclusão: cada um assumiria a sua parte, ou seja, Genésio trabalharia, como uma formiguinha, no seio de amigos, e ele era muito bem relacionado e respeitado; Juquinha lançaria o seu raio de luz junto aos jovens da sua idade. Não perderam tempo correndo daqui para acolá, pregando no deserto. Não idealizaram um impacto, para daí alcançarem as consciências e os corações, os meios de comunicação, da imprensa à televisão à internet.

- Tudo certo, Juquinha?

- Claro. Tamos aí.

- Pois é. Combine tudo com a Lilian e avise ao Lucas. E com a turma toda que você conseguiu reunir. O que foi feito até aqui com esse barulho todo e a viagem ao exterior, valeu muito. Mas só volto a lhe dizer: temos de ter um ponto de partida viável e novo. Será o nosso ponto de explosão.

- E a Polícia? O Exército não vai se meter nisso?

- Temos tanta razão, partimos para uma luta tão justa que você vai ver que ambos vão ficar perplexos, porque não têm como vir contra nós. E se, por acaso, acontecer alguma coisa, a explosão será maior, a repercussão rodará o mundo. Acertou bem com todos?

- Claro.

- Então reúna os líderes, seus amigos de colégio, e vamos repassar mais uma vez a vista no nosso projeto. Combinado?

- Lógico. Vamos nós.

- À noite, no mesmo lugar, lá no galpão.

- Certo.

E à noite reuniram-se num velho galpão abandonado. Um lampião sobre a mesa. Abriram um mapa. Genésio voltou a explicar:

- Aqui foi onde foi encontrada a vaca morta. Aqui é onde está o monte de entulhos: pneus velhos, latas de cerveja, frasco de plástico e até absorventes e que foram levados para a festa, lembra-se? E aqui, é onde nasce aquela fonte do solo e cai, como cachoeira, no rio. E aqui é onde o rio faz a curva fechada, contornando o precipício, certo?

Olhou para cada um, um olhar brilhante e sorriu:

- A comporta inteira vai se abrir para nós. E o tal Código das Águas, garroteado pelo governo e pelos políticos indiferentes a tudo que comandam o País, vão acabar bebendo desta água suja lá em Brasília.

- Vai ser uma farra- riu um jovem alourado.

- E das grandes- rebateu outro, garoto risonho.

Juquinha cortou:

- Não, turma, farra nenhuma. O nosso trabalho é sério.

- Ninguém desconfiou de nada? – temeu Genésio.

- Nada, nada. Tudo tranqüilo- garantiu Juquinha. - Todos continuam na sonolência e na boa vida. Ainda ontem os faxineiros do hospital voltaram e jogaram no rio outra carga de lixo.

- Pois vão ver - completou Genésio - Alerta Geral.

Cada um, silenciosamente, pouco depois, recolheu-se à sua casa. Nem dormiram direito. E de madrugada todos estavam a postos. Genésio chegou cauteloso com os cavoqueiros contratados na capital. Eles rapidamente colocaram as dinamites nos locais já determinados.

E antes de o dia clarear as explosões sacudiram toda redondeza, como um terremoto. O paredão de calcário, que forçava o rio a dar uma curva, ruiu e espatifou-se em vários pedaços. E o rio, podre e sem vida, passou a soltar golfadas de lama, como vomitando precipício abaixo, como em busca daqueles que o degradaram.

Enquanto isso, a moçada, que ampliava a saída do olho d'água, para que ele, dali para frente, substituísse o rio sujo, gritava uns para os outros:

- Com cuidado, senão entupimos o veio. Vamos continuar cavando por baixo.

- E se colocarmos uma dinamite aqui? - perguntou um deles.

Juquinha voltou a explicar:

- Você não aprende nunca, Zeca. Já explicamos mil vezes. Dinamitar isto aqui pode enterrar de vez o veio e ele vai sair lá, muito longe. Continue no teu serviço. Continue cavando, pessoal.

E Genésio colaborava:

- Ampliem a água saída da grota para ela correr limpa no leito do rio.

Pessoas assustadas, em Nova Esperança e nos campos, corriam às janelas, olhavam para o céu, para todos os lados. Uns perguntavam aos outros:

- Que diabo está acontecendo? É o fim do mundo?

Um vendedor de frutas, que passava cedinho e viu o prefeito correndo e chamando gente como uma barata tonta, e que conhecia o segredo do que estava acontecendo, falou para ele:

- Não é o fim do mundo, não, seu prefeito. É o início de uma nova aurora.

O sol esquentou, a notícia correu como um rastilho, e não demorou muito um mundo de gente via, de boca aberta, o que acontecia naquela altura do rio: a parte suja descia, imunda, encosta abaixo; a parte limpa continuava o curso do leito, a água limpinha, limpinha.

Alguém se queixou:

- Aquela imundice vai alcançar as minhas plantações.

Genésio, sempre calmo:

- Faça valas e vá desviando a água.

- Para onde?

- Sabemos lá. Para Brasília ou para a casa do prefeito.

E o prefeito chegou:

- Vou chamar a polícia. Pedir proteção do governador, até do Exército.

Juquinha aproximou-se:

- Façam o que quiserem. Desviem a sujeira noutras direções. O rio não é grande, não é o Amazonas, é fácil fazer isto. Uma coisa é certa...

- O que é? _ quis saber o diretor do hospital.

- Daqui para a frente o riozinho terá vida e a sujeira não passará. Não é, turma?

Até gente que via aquilo pela primeira vez aplaudiu.

O rastilho correu com tanta pressa, que as rádios, manhã ainda, começaram a noticiar o acontecido. E mais e mais gente aplaudia a obra e via, embasbacada, de um lado o rio tão sujo, de outro tão limpo. Uma velha, que viveu a vida inteira perto do riacho chorava:

- Parece um milagre, meu Deus.

Um entusiasmado camponês da região, apesar de ver parte de suas terras invadidas pela água suja do rio, respondeu:

- Não é milagre não, minha velha. Talvez seja o mundo novo que vem por aí...

O governador tomou conhecimento, Brasília tomou conhecimento. E com a velocidade do vento chegou a polícia, vieram prefeitos e autoridades de outros municípios, cinegrafistas, jornalistas, até líderes dos movimentos dos Sem-Terras. Foi uma discussão dos diabos. Um salveiro. Funcionários da Agricultura, do meio Ambiente, do clero. Criou-se um pequeno pandemônio, porque achavam que não era possível desviar a água suja do rio para os campos e transformar o seu leito em dois: um limpo e um sujo. Um engenheiro cercado de policiais e políticos, andava de lá para cá:

- Não é possível. Temos de fechar este paredão que foi arrombado a dinamite.

O prefeito de Nova Esperança, também cercado pelas autoridades locais, dava seu palpite:

- Isso é coisa de doido, deste desmiolado Sr.Genésio, que levou a juventude a este desatino.

Alguém respondeu da multidão:

- Cala a boca, ladrão!

E outro:

- Beba desta água, desgraçado.

Juquinha subiu numa pedra e como um adulto gritou:

- O seu Genésio não meteu a gente em nenhuma loucura. Só nos mostrou que a nossa geração não vai se conformar com o descalabro que fizeram com nosso rio, copiando o que os outros fazem pelo mundo a fora...A gente daqui não arreda o pé. Não é turma?!

Todos gritaram de uma só vez:

- É!

Não foi fácil estabelecer uma ordem naquilo. O rio continuava a soltar golfadas podres morro abaixo e a água da fonte, cristalina, dali para a frente deslizava no leito manso.

Depois de muita discussão na qual se envolveram as áreas federais, estaduais e municipais, chegou-se a um acordo: a água suja voltaria ao leito, porque não poderia continuar a invadir plantações e campos, e um canal paralelo seria feito imediatamente para que, por ele, corresse a água pura da fonte. A paisagem ali passaria a ser curiosa: um rio sujo, morto, assassinado, continuaria levando sua lama espumosa até o seu destino, um rio maior, e, ao seu lado, como um riozinho nascido do pai doente, a vala com a água cristalina da fonte que brotava da terra, para que todos vissem a diferença. Passaria a ser um local turístico para que os visitantes, vendo de perto a morte e a vida, passassem a se conscientizar melhor desse problema que é a peste do mundo moderno.

Em poucos meses tudo estava pronto. A fotografia dos dois rios, como de um pai e de um filho, correu mundo. Juquinha e seu grupo, bastante ampliado, fizeram um pequeno parque no local onde se processara a explosão, marco zero de uma pequena aurora que surgia. E aos que visitavam o local, Juquinha e os amigos ensinavam:

- O pai era assim como o filho, belo como ele. Um dia temos certeza, os dois voltarão a correr abraçados e felizes.

O local foi incluído em roteiro turísticos. Até um bispo estrangeiro, vendo aquilo, comoveu-se tanto que se ajoelhou e fez uma benção, como símbolo de um mundo melhor para as pessoas.

Uma grande placa foi colocada no local com estes dizeres:

AQUI VAI UM RIO MORTO, VÍTIMA INDEFESA DOS SEUS ASSASSINOS. AO LADO CORRE A ÁGUA DA FONTE, MOSTRANDO COMO ERA BELO O NOSSO RIO. AJUDEM-NOS A SALVAR A NATUREZA.

Juquinha leu mil vezes o aviso. Genésio observando isto, comentou:

- Fizemos alguma coisa, Juquinha. Agora é continuar em frente e não deixar que poluam também o riacho que corre ao lado do rio.

Juquinha lembrou-se da história do beija-flor e falou:

- Vamos continuar como o beija-flor.

- Como o beija-flor?

- É. Conhece a história?

- Não.

- Houve um incêndio na floresta. O beija-flor viu, saiu voando e voltou com um pingo d'àgua no bico. Soltou no meio do incêndio. Foi e voltou muitas vezes para jogar no meio do fogo o pingo da água que trazia no bico. Um homem viu aquilo e ficou intrigado: "Você pensa em apagar o incêndio com pingos d'água, beija-flor?" Ele respondeu: "Não, estou apenas fazendo a minha parte. Se cada um fizer a sua, apagaremos esse incêndio. Pois vamos continuar nosso trabalho de beija-flor. Tudo começa por aí...

Genésio deu-lhe uma pancadinha carinhosa nas costas:

- Você é demais, Juquinha.

Juquinha chutou uma pedra:

- Você acha?

ALERTA MÁXIMO

Ainda que tanta gente fale, ainda que a própria Natureza dê mostras de impaciência, continua o Homem agredindo o meio ambiente, numa postura suicida impossível de compreender.

Como sempre acontece, o dinheiro é explicitamente a mola propulsora dos incríveis desatinos que se presenciam nos tempos modernos, numa liquidação criminosa e sem precedentes de matas, florestas, águas de oceanos, mares e rios, sem contar o ar, todos os dias mais degenerado.

A presente obra, na verdade, é um grito de protesto e revolta contra esse estado de coisas. Contundente algumas vezes, ela representa um gemido, um lamento das indefesas criaturas que, por ganância ou pura inconsciência, tantos insistem em sacrificar, indiferentes a um futuro que certamente não viverão, mas que será dolorido, penoso, se não trágico, para os seus e para os nossos filhos, que, um dia, arcarão com as conseqüências da irresponsabilidade dessa gente, da qual estarão todos herdando um planeta moribundo, senão morto, provavelmente coberto de notas de dinheiro, incapazes, no entanto, de nos devolver a vida.

Hélio Casatle.

Ilustrador

Eden Della Bella Junior

Made in the USA
Columbia, SC
18 June 2023

18211273R00024